挿画　光後民子

# ナオミを襲った悲しみ（ルツ1・1〜5）

本書で取り上げるのは、旧約聖書に記された『ルツ記』と呼ばれる美しい物語です。ルツという女性は異邦人でしたが、この人の子孫から、ダビデ王が生まれ、やがては救い主イエス・キリストが誕生します。もちろん、ルツ自身は自分の子孫から救い主が生まれるようになるとは、想像することもできなかったでしょう。

イスラエルから見て、ルツの出身であったモアブ民族は、敵対する民族でした。しかし、神のなさることは、人間の知恵や思いをはるかに超えていることを、この物語は示しています。モアブ民族出身のこの人が、イスラエルの民に加わるようになったのは、神の不思議な導きです。

それでは早速、今回の聖書の箇所を読んでみましょう。旧約聖書『ルツ記』1章1〜5節です。

さばきつかさが治めていたころ、この地に飢饉《ききん》が起こった。そのため、ユダのベツレヘム出身のある人が妻と二人の息子を連れてモアブの野へ行き、そこに滞在することにした。その人の名はエリメレク、妻の名はナオミ、二人の息子の名はマフロンとキルヨンで、ユダのベツレヘム出身のエフラテ人であった。彼らはモアブの野へ行き、そこにとどまった。するとナオミの夫エリメレクは死に、彼女と二人の息子が後に残された。二人の息子はモアブの女を妻に迎えた。一人の名はオルパで、もう一人の名はルツであった。彼らは約十年の間そこに住んだ。するとマフロンとキルヨンの二人もまた死に、ナオミは二人の息子と夫に先立たれて、後に残された。

この『ルツ記』の話は、「さばきつかさ」と呼ばれる人たちがまだイスラエルの世を治めていたころ、モーセに率いられたイスラエルの人々がエジプトを脱出し、カナン、つまり今のパレスチナに定着し始めた時代です。およそ紀元前十二世紀ごろの話で、ダビデ王から見て曽祖父母の時代の出来事です。

『ルツ記』は旧約聖書の中では『士師記』の次に置かれています。その『士師記』の一番最後の章には、その時代がどんな時代であったのか、こう記されています。

そのころ、イスラエルには王がなく、それぞれが自分の目に良いと見えることを行っていた。（士師21・25）

この時代のイスラエルの人々には王がいなかったため、それぞれ自分が自分の王であったということでしょう。その結果、それぞれが自分の目に良いと見えることを行っていた、そういう時代であったということです。

自由と自己責任の時代と言えば聞こえが良いですが、その当時のイスラエルには、モーセの律法がありましたから、社会に規範がなかったというわけではありません。しかし、「それぞれが自分の目に良いと見えることを行っていた」と記される背後には、神の御心《みこころ》が求められていた時代ではなく、人間が中心となっていた時代であったということがあるのでしょう。

『ルツ記』の背景は、まさにそういう時代でした。そういう時代背景であるからこそ、『ルツ記』の出だしで記されている、モアブへの移住の話は、とても興味深い事件です。それは、単にイスラエルに飢饉が襲い、食糧不足になったからという理由だけでは説明のつかないことだからです。

『ルツ記』の1章の終わりを読むとわかるとおり、この飢饉のためにイスラエルの国を出たのは、ごく限られた人たちでした。大半の人たちは、苦しい中で、祖国にとどまっていたものと思われます。モアブというのは、イスラエル人にとって敵対する民族でした。『申命記』にはこう記されています。

アンモン人とモアブ人は主の集会に加わってはならない。その十代目の子孫さえ、決して主の集会に加わることはできない。これは、あなたがたがエジプトから出て来た道中で、彼らがパンと水をもってあなたがたを迎えることをせず、アラム・ナハライムのペトルからベオルの子バラムを雇って、あなたに呪いをもたらそうとしたからである。(23・3〜4)

モアブはもともとアブラハムの甥、ロトを先祖とする民族です(創世19・36〜37)。そういう意味では、イスラエル民族にとって遠い親戚と言うことができます。しかし、イスラエルを呪わせたばかりか、モアブの娘たちはイスラエルの人々を誘惑して異教の神々を礼拝させるという事件も起こしました(民数25章)。

そういう民のもとへ移住することは、イスラエル人にとっては、いくら飢饉とはいえ、普通は考えられないことです。まさに、それぞれ自分の目に良いと見えることを行っていた時代だからこそ、そんな行動も起こりえたのでしょう。

家族を連れ立ってモアブの地へ移住することを決断したのは、エリメレクという人物でした。エリメレクという名前は、「私の神は王」という意味です。名前はそうですが、実際の行動は、王である神に従うよりは、自分自身が自分の王であるような行動です。もちろん、家長として家族の幸せを誰よりも願う点では、良い夫、良い父親でした。飢饉という状況の中で、モアブの地へ旅立つ決断をしたのは、苦渋の選択であったかもしれません。妻と二人の息子を連れ立って、見ず知らずの外国へ移住することは、決して簡単なことではありません。

けれども、同じ飢饉の中にあって、地元にとどまる人たちの目から見れば、その行動は常識を疑われたかもしれません。現代の日本で置き換えて考えるならば、自然災害で地元を離れて海外移住しなければならなくなったとき、その行き先の候補地に、日本のパスポートでは入れない国をわざわざ選ぶでしょうか。エリメレクのとった行動は、それくらい常識では考えられない行動でした。

見知らぬ土地での暮らしは、飢饉で苦しむことを思えば、それでも、この一家にとっては幸せな時であったかもしれません。けれども突然の不幸がこの一家を襲います。家長であったエリメレクが、妻のナオミと二人の息子たちを残して、亡くなってしまいます。見知らぬ土地で一家の支えを失ったこの家族の絶望感は、どれほど大きなものだったことでしょう。

その苦しみを乗り越え、二人の息子たちは無事に成長し、やがてそれぞれモアブ人と結婚します。モアブ人との結婚は、この二人の息子たちにとって、モアブを第二の故郷とする決意の表れであるように思われます。娘を嫁《とつ》がせるモアブの人たちから見れば、この家族がもはや一時的な寄留者ではないと思えた証しでしょう。

しかし、その幸せも十年で終わりを迎えます。この二人の息子に突然の死が襲います。外国の地からやってきて、とうとう独り遺《のこ》されたナオミにとって、今までの自分の人生が、いったい何の意味があったのかと、そう思えたかもしれません。

この『ルツ記』は、一人の女性の人生のどん底から始まります。神から見捨てられたように思えるこのナオミに、神はどんな恵みと希望をお与えになるのでしょうか。ここから始まる神の祝福のストーリーを、これから少しずつご一緒に学んでいきましょう。

# 重苦しい帰国の決意（ルツ1・6～13）

「郷愁を覚える」という言葉があります。ふとしたことで故郷を懐かしく思う気持ちを表す言葉です。

私は子どもの頃、父親の転勤で三年と経たないうちにあちこち引っ越しを繰り返していましたので、生まれ故郷を懐かしむという感覚はあまりありません。それでも小学生時代を過ごした松江や福島の景色を思い出して、今でもまた行ってみたい気持ちになります。海外で暮らす人たちにとっては、その思いはもっと強いのではないかと思います。

さて、学び始めた『ルツ記』ですが、故郷を離れたナオミにとって、故郷を思う気持ちはどれほど強かったでしょうか。

それでは早速、今回の聖書の箇所を読んでみましょう。旧約聖書『ルツ記』1章6～13節です。

ナオミは嫁たちと連れ立って、モアブの野から帰ることにした。主がご自分の民を顧みて、彼らにパンを下さった、とモアブの地で聞いたからである。彼女は二人の嫁と一緒に、今まで住んでいた場所を出て、ユダの地に戻るため帰途についた。ナオミは二人の嫁に言った。「あなたたちは、それぞれ自分の母の家に帰りなさい。あなたたちが、亡くなった者たちと私にしてくれたように、主があなたたちに恵みを施してくださいますように。また、主が、あなたたちがそれぞれ、新しい夫の家で安らかに暮らせるようにしてくださいますように。」そして二人に口づけしたので、彼女たちは声をあげて泣いた。二人はナオミに言った。「私たちは、あなたの民のところへ一緒に戻ります。」ナオミは言った。「帰りなさい、娘たち。なぜ私と一緒に行こうとするのですか。私のお腹にまだ息子たちがいて、あなたたちの夫になるとでもいうのですか。帰りなさい、娘たちよ。さあ行きなさい。私は年をとって、もう夫は持てません。たとえ私が自分に望みがあると思い、今晩にでも夫を持って、息子たちを産んだとしても、だからといって、あなたたちは息子たちが大きくなるまで待つというのですか。だからといって、夫を持たないままでいるというのですか。娘たちよ、それはいけません。それは、あなたたちよりも、私にとってとても辛いことです。主の御手が私に下ったのですから。」

夫に先立たれ、二人の息子たちにも先立たれてしまったナオミは、風の便りに、故郷の飢饉《ききん》が収まり、再び食べ物に満ちるようになったことを耳にします。ナオミにとっては、今住んでいるモアブの野は外国の地である上に、自分にとっては悲しい思い出の地です。飢饉から逃れるという消極的な理由で移住してきただけで、ここに住み続けなければならない積極的な理由はありません。

しかし、この地を離れて故郷に帰る決断を鈍らせる理由もありました。そこはナオミにとってすでに住み慣れた場所だったからです。先立たれた夫と苦労を共にした場所です。夫亡き後は、子どもたちが成長し、結婚の幸せをつかんだ思い出の場所です。モアブの野に住む人たちから見れば、自分たちの娘を嫁《とつ》がせてもよいと思うほど、打ち解けた近所付き合いが成り立っていた場所です。その上、亡くなった夫や息子たちのお墓もあったでしょう。後ろ髪を引かれる理由はいくつもありました。

故郷に戻れば、また元の生活に戻れるという保証は何もありません。それどころか、故郷に残った人たちから見れば、神から与えられた祖国を捨てて、飢饉の苦労を共にしなかった裏切り者です。おまけに移住した先は、イスラエルから見て、敵対する民族の住む土地でした。なりふり構わず出て行った自分です。故郷に戻れば何を言われるかわかりません。ナオミはそのことも十分承知していたことでしょう。

それでも故郷に戻る決断をしたのは、ただ故郷を懐かしむ思いが強かったからでしょうか。故郷が再び食料に満たされるようになって、今の生活よりも心惹《ひ》かれたからでしょうか。いいえ、そうではありません。

一つには、未亡人となった二人のお嫁さんたちの幸せを思ったからです。いつまでも自分と一緒に暮らしていては、再婚のチャンスも逃してしまいます。これから先、年老いていく自分の世話のために、二人の人生をこれ以上拘束してしまうのは、申しわけないと思ったからでしょう。

故郷に帰る道すがら、ナオミは一緒についてくる二人のお嫁さんたちが、主である神から十分な報いを受けることができるように、また、それぞれ新しい嫁ぎ先を与えられて、幸せに暮らすことができるようにと願います。これはナオミの本心です。

それともう一つ、ナオミにとって気がかりだったのは、モアブ人の娘たちが、イスラエルでは歓迎される保証がなかったことです。どの時代のどの地域にも、差別は存在します。

ナオミは今でこそ、モアブの地の住民と打ち解けあう関係にありますが、そこまでに至る苦労を経験しています。自分が味わったその苦労を、二人のお嫁さんたちに背負わせるのは忍びない、そう思ったことでしょう。

ナオミは決して、この二人を足手まといと思って、追い返そうとしたのではありません。ナオミなりに二人の幸せを考えあぐねた末、出した結論です。そうであればこそ、この義理の母の決断を聞かされた二人は、声をあげて泣いたのです。この二人もまた、ナオミを心から慕い愛していた様子をうかがい知ることができます。

この二人の涙は、ただ別れを辛いと思う涙ではないでしょう。義理の母親が、自分たちの将来をここまで心にかけてくれていることを知って流れる涙です。それと同時に、そのようにナオミに心配をかけてしまった自分たちのふがいなさを悔やむ涙でもあったでしょう。二人の涙は複雑です。

ナオミの別れの言葉にもかかわらず、二人はなお共に旅を続けようとします。ナオミに対する二人の愛情はその言葉遣いにも表れています。二人は言いました。

「私たちは、あなたの民のところへ一緒に戻ります。」（1・10）

「行く」とは言わず「戻る」と言っています。この二人にとって、この旅路は一緒に「行く」のではなく、一緒に「戻る」旅なのです。それほどに気持ちが一つになっています。

ナオミの二人に対する愛情もまた、その言葉遣いに表れています。ナオミは二人に対して「娘たち」と呼びかけています。もうナオミにとっては、自分の娘と同じです。娘たちの幸せを願う母親のように、二人に接しています。

二人に対する言葉の中で、ナオミはつい自分の心の内を吐露してしまいます。

「それは、あなたたちよりも、私にとってとても辛いことです。主の御手が私に下ったのですから。」（1・13）

自分の夫に先立たれたという辛さは、ナオミもこの二人も同じです。しかし、ナオミが言う「とても辛い」というその辛さは、「主の御手が私に下った」という思いからくる辛さです。

ここに、ナオミが今まで心に抱えてきた苦しみが吐き出されています。夫に先立たれたのも、息子たちを失ったのも、さらには息子たちに嫁いできた二人の娘たちを幸せにできなかったのも、すべて自分が主に対して不誠実であったからではないか、だから、主の御手が私に下ったのではないか、と。これはナオミが初めて二人に明かした心の内だったのではないでしょうか。

はたして、ナオミの人生に襲いかかったさまざまな辛さは、主の怒りだったのでしょうか。さらに続きを読み進んでいきましょう。

# オルパとルツの決断（ルツ1・14～18）

新約聖書に収められた手紙のほとんどを書いたパウロは、ピリピ人に宛てた手紙の中で、こう祈っています。

あなたがたの愛が、知識とあらゆる識別力によって、いよいよ豊かになり、あなたがたが、大切なことを見分けることができますように。（ピリピ1・9～10）

本当に大切なことを見分けて決断していくためには、豊かな愛が必要だということです。逆に言えば、愛のない決断ほど危ういものはないということでしょう。

今回の箇所には、三人の女性の、それぞれの決断が記されています。内容は異なりますが、それぞれ、相手を思いやる心から出た決断です。

それでは早速、今回の聖書の箇所を読んでみましょう。旧約聖書『ルツ記』1章14～18

節です。

彼女たちはまた声をあげて泣いた。オルパは姑《しゅうとめ》に別れの口づけをしたが、ルツは彼女にすがりついた。ナオミは言った。「ご覧なさい。あなたの弟嫁は、自分の民とその神々のところに帰って行きました。あなたも弟嫁の後について帰りなさい。」ルツは言った。「お母様を捨て、別れて帰るように、仕向けないでください。お母様が行かれるところに私も行き、住まれるところに私も住みます。あなたの民は私の民、あなたの神は私の神です。あなたが死なれるところで私も死に、そこに葬られます。もし、死によってでも、私があなたから離れるようなことがあったら、主が幾重にも私を罰してくださるように。」ナオミは、ルツが自分と一緒に行こうと固く決心しているのを見て、もうそれ以上は言わなかった。

飢饉《ききん》を逃れて外国の地へ移住したナオミ家族は、ほどなく一家を支える夫を失い、やがて二人の息子も外国の地で迎えた妻を遺《のこ》して、相次いで亡くなってしまいました。

そんな悲しみの続くある日、故郷の国では、再び農作物が実るようになり、かつての生活が戻っていることをナオミは耳にします。ナオミは住み慣れたモアブの地を離れて、故郷に帰る決断をしますが、亡くなった息子たちが迎えた二人のお嫁さんたちをモアブの地に残して、自分ひとりで帰るつもりでした。

そこまでが前回学んだ箇所でした。

ナオミとしては、遺された二人の若いお嫁さんたちが、自分に気兼ねなく再婚して幸せになってほしいという愛の心から出た決断です。それに、自分が外国人として暮らしたモアブの地での苦労を、この二人に経験させることは忍びないと思ったからでしょう。イスラエル人にとってモアブ民族は敵とみなされていたので、この二人がナオミの故郷に来ても、嫌な思いこそすれ、いい思いなどするはずもなかったからです。

やがて、二人のうちの一人、オルパはナオミの望むとおり、ナオミのもとを去っていく決断をします。それは、オルパが冷たい女性だったからではないでしょう。そのことは、二人とも、ナオミの言葉を聞いて声をあげて泣いたことからもわかります。その涙は決して見せかけの涙ではありません。

きっとオルパはナオミの自分への愛を感じ取って、離れる決断したのでしょう。また、オルパはオルパなりに、ナオミの辛さを身近に見てきたので、ナオミが言う「あなたたちよりも、私にとってとても辛いことです。主の御手が私に下ったのですから」（1・13）という言葉を重く受け取ったのでしょう。これ以上、義理のお母さんを苦しめてはいけないと思う愛の決断です。

もう一方のルツは、同じ愛の思いから違う決断をしました。ナオミを一人行かせるのではなく、一緒について行こうとする決断です。ナオミから、オルパと同じように自分を離れるよう促されても、その思いは変わりません。

ナオミはルツに言いました。

「ご覧なさい。あなたの弟嫁は、自分の民とその神々のところに帰って行きました。あなたも弟嫁の後について帰りなさい。」（1・15）

その言葉に対してルツは、「あなたの民は私の民、あなたの神は私の神です」（1・16）とさえ言い切ります。

ルツの決断には、信仰が絡んでいます。自分が生まれ育った時から信じてきたモアブの神々を捨てて、今やナオミの信じる主なる神を、自分の神と言い切る信仰です。ナオミを愛する愛と同じくらい、ナオミの信じる神への愛をルツは言い表します。

ここで、ルツがどのようにしてイスラエルの神への信仰を持つように至ったのか、素朴な疑問が湧きます。というのも、ナオミ一家を襲った不幸を考えると、その人たちの信じる神が素晴らしい神とは、普通は思わないでしょう。「あなたたちよりも、私にとってとても辛いことです。主の御手が私に下ったのですから」とナオミに言わせる神を、誰が信じるでしょう。

人間的に考えると、何のご利益《りやく》ももたらさないように見える神を、それでも自分の神だと告白するのには、よほどのことがあるはずです。

もちろん、まことの神を信じるようになるのは、人間の力ではありません。しかし、ルツがまことの神を知るようになったのは、ナオミたちの一家を通してであったことは間違いありません。特に、自分と同じように夫に先立たれたナオミの生き方を通して、ルツはナオミの信仰を学んだのでしょう。信仰を持ちながらも「あなたたちよりも、私にとってとても辛いことです。主の御手が私に下ったのですから」と本音を口にするナオミ、しかしそれでも、信じ続けるナオミの信仰の姿は、ルツに大きな影響を与えたに違いありません。そこに本物の何かがあるとルツは感じたのでしょう。

こうしてルツの決断の背後には、主なる神への愛とナオミへの愛がありました。最後にルツはナオミに言います。

「もし、死によってでも、私があなたから離れるようなことがあったら、主が幾重にも私を罰してくださるように。」（1・17）

ここにも、ナオミに対する愛と、主なる神を信じる信仰が言い表されています。主を信じ、主を畏《おそ》れて生きる決意です。

このルツの態度にナオミもとうとう折れてしまいます。ルツの決意が固いのを見て、ナオミはそれ以上ルツを説き伏せることをやめます。

ナオミは、ルツの心に芽生えている信仰をないがしろにすることはできないと思ったのでしょう。戻っていく故郷で、この二人が幸せに暮らせるという保証は何もありません。しかし、同じ神を見上げて共に歩むことができる確かな仲間を、ナオミはルツの中に見いだしたのでしょう。これ以上説得しないというナオミの決断もまた、愛から出たものでした。

# ナオミと呼ばないでください（ルツ1・19〜22）

名前というのは、それを名付ける人の気持ちがこもっています。初めての子どもに付ける名前は、それこそ、両親ともに思案の挙句《あげく》、やっと決まります。最近ではキラキラネームと呼ばれる名前が多く、使われる漢字の意味よりも音の響きを大切にすることもあります。それもある意味、名前へのこだわりの表れです。

昔から日本では、「名前負け」ということが言われてきました。あまりにも立派過ぎる名前は実物と不釣り合いになることがあるので、敬遠されるものでした。例えば、自分の子どもに「家康」とか「信長」など、好んで付ける人はいないでしょう。

しかし、そこまで大きな名前は付けないとしても、名前にはそれを付けた人の願いが込められています。幸せな子どもに育ってほしいと願えば、「幸子」とか「幸雄」などと命名します。『ルツ記』に登場するナオミの名前も、その意味は「快い」という意味でした。ところがナオミにとって、自分の名前ほど恨めしいと感じたことはありませんでした。

それでは早速、今回の聖書の箇所を読んでみましょう。旧約聖書『ルツ記』1章19～22節です。

二人は旅をして、ベツレヘムに着いた。彼女たちがベツレヘムに着くと、町中が二人のことで騒ぎ出し、女たちは「まあ、ナオミではありませんか」と言った。ナオミは彼女たちに言った。「私をナオミ（快い）と呼ばないで、マラ（苦しむ）と呼んでください。全能者が私を大きな苦しみにあわせたのですから。私は出て行くときは満ち足りていましたが、主は私を素手で帰されました。どうして私をナオミと呼ぶのですか。主が私を卑しくし、全能者が私を辛い目にあわせられたというのに。」こうして、ナオミは帰って来た。モアブの野から戻った嫁、モアブの女ルツと一緒であった。ベツレヘムに着いたのは、大麦の刈り入れが始まったころであった。

モアブの地を旅立って、ナオミとルツはベツレヘムに到着します。ナオミにとっては自分が生まれ育った故郷です。ルツにとっては初めて訪れる外国です。二人にとって、ベツレヘムにやって来ることは、期待と不安が入り混じった複雑な心境だったと思います。

ナオミにしてみれば、ベツレヘムは昔住んでいた場所でしたから、外国のモアブよりはずっと知り合いの数も多かったはずです。親戚もいますから、心強いということもあったでしょう。その反面、飢饉《ききん》のときに、長年住み慣れた町を捨てて出て行った自分を、はたして町の人々が歓迎してくれるかどうか、不安もあったはずです。まして、見ず知らずのモアブの女ルツを連れ立っての帰郷です。

ルツにしてみれば、ベツレヘムは新天新地のようなものです。何もかもが目新しく映ったことでしょう。高揚感のほうが勝っていたかもしれません。ただ、自分がモアブの出身であることは、この国では受け入れがたいということを、ナオミの口を通して聞かされていたかもしれません。どんな生活が待ち受けているか、不安は隠しきれなかったことでしょう。

二人を迎える町の人々の反応は、というと、町中が二人のことで騒ぎ出したとあります。このどよめきの意味は、決して一様なものではなかったはずです。昔、町を捨てて出て行ったナオミそっくりな人が、突然町にやって来たのですから、どよめかないはずはありません。それは、懐かしさのためのどよめきもあったことでしょう。しかし、みんなが歓迎のどよめきをあげたとは限りません。中には批判的な思いの人もいたはずです。どの面提《つらさ》げて帰って来たのか、と心の中で思う気持ちがどよめきになったのかもしれません。

しかも、戻ってきたのは女二人だけです。出て行くときはナオミと夫と二人の息子の家族でした。しかも、飢饉の最中に海外へ移住できるほど、余裕のある家族でした。ところが、今、町の人たちが目にしているのは、どう見ても裕福な姿ではありません。しかも、夫の姿も息子たちの姿も見当たりません。いったいこの家族に何が起こったのか、町の人たちにしてみれば、どよめかざるをえません。

ナオミに同行している女性がいったいだれなのか、それもどよめきの原因だったことでしょう。ナオミがモアブの地で産んだ娘なのか、それとも、息子たちが迎えたお嫁さんなのか、それだけでも、町の人たちには興味津々だったはずです。

そうしたどよめきの中、町の女性たちが、「ナオミではありませんか」と声をかけてきます。ナオミの反応から想像すると、声をかけられたくなかったようです。それが善意から出た言葉にせよ、好奇心から出た言葉にせよ、あるいは、皮肉から出た言葉にせよ、ナオミには辛い言葉に響きました。

何よりも、ナオミ自身が、自分の境遇について誰よりも知っていたからです。合わせる顔がないとは、こういうことを言うのでしょう。

自分の名前の意味が「快い」という意味ですから、そう呼ばれることは、いっそう辛いことでした。ナオミは思わず口走ります。

「私をナオミ（快い）と呼ばないで、マラ（苦しい）と呼んでください。全能者が私を大きな苦しみにあわせたのですから。」（1・20）

この時ほど、自分の名前と今の境遇を比べて、自分の名前を恨めしく思ったことは、ナオミの人生でなかったことでしょう。

この後に続くナオミの言葉は、一見、主なる神への恨みつらみに聞こえます。

「私は出て行くときは満ち足りていましたが、主は私を素手で帰されました。どうして私をナオミ（快い）と呼ぶのですか。主が私を卑しくし、全能者が私を辛い目にあわせられたというのに。」（1・21）

この言葉を、神への恨みととっては、あまりにもナオミが気の毒です。まして、ナオミは自分のことを少しも反省していないなどと非難することは当たっていません。

　飢饉の折りに、町を捨てて出て行ったことは、ナオミの独断ではありませんでした。当時の一般的な夫婦の力関係から考えれば、ナオミは夫に従っていくしかありませんでした。

　ナオミは今自分に与えられている境遇を、決して夫のせいにはしません。あるいは、夫を止めなかった自分が悪かったとも言いません。もちろん、そう思った時もあったかもしれません。しかし、今は、すべてが主から与えられた試練として、それを受け止めているということでしょう。

　町の人たちは冷たく言い放つかもしれません。「何もかも、あんな決断をしたあんたの夫が悪い」と。「それを止めなかったあんたも自業自得だ」と。

　しかし、どんなどん底にあっても、頼れるのは主である神だけだと、ナオミは信じていました。この試練も神が与えてくださったものだと真摯《しんし》に受け止めれば、そこから逃れる道もきっと主が備えてくださると、ナオミは心の中で信じていたのでしょう。ナオミのあの言葉は、主なる神に真剣に向き合ってきたからこそ出た言葉です。それは、人生で経験する苦しみを、安易に人のせいにする姿勢でもなければ、自分のせいだと苦しんでしまう姿勢でもありません。まして、それを神のせいにするのでもありません。ただ、この苦しみを受け入れ、神と向き合い、それを乗り越えていこうとする信仰の姿勢です。そうでなければ、モアブの女性を連れて、再び故郷へ戻る決断などできなかったことでしょう。

## ボアズとルツの出会い（ルツ2・1〜7）

旧約聖書『箴言《しんげん》』の中に「私にとって不思議なことが三つある。いや、四つあって、私はそれを知らない」という言葉があります。それは「天にある鷲の道、岩の上にある蛇の道、海の真ん中にある船の道」、そして、それらに加えて「おとめへの男の道」と続きます（30・18〜19）。

男女の出会いというのは、しばしば人間の目には道理があるようには思えないことがあります。幼い頃から互いを知っている二人が必ずくっつくとは限りません。一目ぼれという言葉があるように、たまたま出会った二人が意気投合することもあります。

周りが不釣り合いだと思っても、当人同士が気に入ってしまうこともあります。周りはそれを揶揄《やゆ》して「美女と野獣」と茶化したり、まるで「シンデレラ」みたいな話だと驚いたりします。

『ルツ記』に登場するルツとボアズの出会いも、人間の目から見れば、偶然の出会いのように見えますし、不釣り合いな二人のようにも見えます。
それでは早速、今回の聖書の箇所を読んでみましょう。旧約聖書『ルツ記』2章1〜7節です。

さて、ナオミには、夫エリメレクの一族に属する一人の有力な親戚がいた。その人の名はボアズであった。モアブの女ルツはナオミに言った。「畑に行かせてください。そして、親切にしてくれる人のうしろで落ち穂を拾い集めさせてください。」ナオミは「娘よ、行っておいで」と言った。ルツは出かけて行って、刈り入れをする人たちの後について畑で落ち穂を拾い集めた。それは、はからずもエリメレクの一族に属するボアズの畑であった。ちょうどそのとき、ボアズがベツレヘムからやって来て、刈る人たちに言った。「主があなたがたとともにおられますように。」彼らは、「主があなたを祝福されますように」と答えた。ボアズは、刈る人たちの世話をしている若い者に言った。「あれはだれの娘か。」刈る人たちの世話をしている若い者は答えた。「あれは、ナオミと一緒にモアブの野から戻って来たモアブの娘です。彼女は『刈る人たちの後について、束のところで落ち穂を拾い集めさせてください』と言いました。

ここに来て、朝から今までほとんど家で休みもせず、ずっと立ち働いています。」

ナオミたちがモアブの地からベツレヘムに帰って来たのは、ちょうど大麦の刈り入れの始まる春でした（1・22）。刈り入れを待つ大麦の穂の金色が風になびく景色を見て、ナオミは飢饉《ききん》の前の昔を思い出したことでしょう。

『ルツ記』2章1節は、ボアズの紹介から始まります。モアブの地で亡くなったナオミの夫エリメレクの有力な親族です。もちろん、ナオミはボアズのことを知ってはいましたが、自分たちの人生に大きく関わるようになるとは、この時少しも思ってはいなかったでしょう。

ナオミと一緒にベツレヘムにやって来たルツは、さっそく自分たちの食べ物を得るために、落ち穂拾いに出かけようとします。

幸いなことに、モーセの律法には、畑の収穫に関する規定がありました。そこには、こう記されています。

あなたがたが自分の土地の収穫を刈り入れるときは、畑の隅々まで刈り尽くしてはならない。収穫した後の落ち穂を拾い集めてはならない。……それらを貧しい人と寄留者のために残しておかなければならない。わたしはあなたがたの神、主である。（レビ19・9～10）

これは『レビ記』に記されている規定ですが、同じような規定はモーセの律法に繰り返し出てきます（レビ23・22、申命24・19）。このような規定が定められているのは、隣人愛の観点からも当然のことですが、『申命記』では次のようにその理由を述べています。

あなたは、自分がエジプトの地で奴隷であったことを覚えていなければならない。それゆえ私はあなたに、このことをせよと命じる。（申命24・22）

自分たちがエジプトで経験した苦しい生活を思い起こし、同じ思いを社会的な弱者にさせてはいけないという人道的な配慮ということもあるでしょう。それと同時に、今ある繁栄を神からの恵みととらえて、その恵みを独り占めしてはならないという宗教的な訓練もここには込められています。

ルツがこの規定のことを知ったのは、ナオミの口を通してでしょう。しかし、ナオミは決してルツに落ち穂拾いに出かけるように促したわけではありません。ルツの自発的な申し出に対して、「娘よ、行っておいで」と送り出します。

この二人の会話は何気ない会話のように聞こえますが、しかし、その背後にはそれぞれの信仰を見て取ることができます。

ルツにしてみれば、確かにモーセの律法にそのような規定があるとは知っていても、それが必ずしも守られているわけではないことは、簡単に想像がついたはずです。人は罪人なのですから、嫌な顔をする畑の持ち主もいれば、意地悪な態度をとる使用人たちもいるかもしれません。ルツは「親切にしてくれる人のうしろで」と述べて、そのような人との出会いをきっと主が備えてくださると信仰的に期待しています。

ナオミもまた、ルツの申し出にそのような信仰を見たからこそ、「娘よ、行っておいで」と送り出すことができたのでしょう。落ち穂拾いに関する規定が、やもめや孤児や寄留者のために定められたとはいえ、実際には行った先でルツがどんな嫌な経験をするか、わかったものではありません。しかし、この二人が抱いていたのは、起こるかもしれないことへの不安ではなく、それを乗り越えさせてくださる主への期待でした。同じ信仰に立つ者として、ナオミはルツを見送ったのでしょう。

さて、ルツが出向いた先は、図らずもボアズの所有する畑でした。ボアズは自分の畑にやって来ると、目ざとくルツに気が付きます。それは、見慣れない若い娘だったから、ということもあったでしょう。しかし、そればかりではありません。ボアズがルツを見いだしたのは、ルツが一生懸命働く姿ではなく、小屋で休んでいる姿です（新共同訳参照）。ボアズにしてみれば、見ず知らずの娘が、人の畑の小屋に来て休んでいるのを見て、最初はいぶかしく思ったかもしれません。そうであればこそ、すかさず監督を任されている若者に尋ねます。

「あれはだれの娘か。」（2・5）

娘について聞かされたボアズに何重もの驚きがありました。一つは、その女性がモアブの女であることです。それを告げる若者も「モアブの野から戻って来たモアブの娘」とルツのことを紹介して、女がモアブの出身であることを二度も強調しています。

もう一つの驚きは、その女性が、自分の親戚筋にあたるナオミと一緒に戻って来た、あの女性であることを知った驚きです。ボアズは、噂ではナオミたちのことを耳にしていたはずです。しかし、まさか自分の畑で落ち穂拾いをするとは、想像もしていなかったことでしょう。

さらには、この若い娘が、朝から今までずっと立ち通しで働いていたという事実を聞かされた驚きです。それも、自分ひとりのためではなく、年老いたナオミのためであることを、ボアズはすぐに思い至ったはずです。異邦人でありながら、見ず知らずの外国へやって来て、義理の母親のために懸命に働くルツの姿を見て、ボアズが心を動かされないはずはありません。

こうして、ボアズとルツの出会いが起こりました。ルツがやって来たのは「はからずも」ボアズの所有する畑であったと、人間的な観点で聖書は記します。しかし、この「はからずも」の背後に神の不思議な導きがありました。『ルツ記』は、この神の導きに身をゆだねる一人の女性の話なのです。

## ボアズの配慮（ルツ2・8～16）

旧約聖書『詩篇』41篇の出だしは、こんな言葉で始まります。

幸いなことよ　弱っている者に心を配る人は。（41・1）

旧約聖書の伝統には、弱い者、助けを必要としている者に対する配慮や施しを美徳とする伝統がありました。

そうした伝統が育まれた背景には、もちろん、モーセの律法によってそうした弱者への配慮が義務付けられていたからということもあります。しかし、それだけではありません。第一に、すべての祝福と恵みは神から来るという信仰がありました。富も才能も、すべて神からいただいたものなのですから、それをあたかも自分の力で得たかのように独り占めすることは、正しくないと思われていました。第二には、イスラエル人たちがエジプトでの苦役を経験し、社会的弱者がどれほど辛いものであるかを経験しているからです。

今日の社会では、弱者の存在を何かと「自己責任」という言葉ですべて片付けてしまおうとする風潮がありますが、それとは真逆な考え方です。弱者に手を差し伸べるのは裕福な者にとって当然のことだったのです。

きょう取り上げようとしている箇所には、ボアズの配慮に満ちた行動が記されています。それでは早速、今回の聖書の箇所を読んでみましょう。旧約聖書『ルツ記』２章８～16節です。


ボアズはルツに言った。「娘さん、よく聞きなさい。ほかの畑に落ち穂を拾いに行ってはいけません。ここから移ってもいけません。私のところの若い女たちのそばを離れず、ここにいなさい。刈り取っている畑を見つけたら、彼女たちの後について行きなさい。私は若い者たちに、あなたの邪魔をしてはならない、と命じておきました。喉《のど》が渇いたら、水がめのところに行って、若い者たちが汲んだ水を飲みなさい。」彼女は顔を伏せ、地面にひれ伏して彼に言った。「どうして私に親切にし、気遣ってくださるのですか。私はよそ者ですのに。」ボアズは答えた。「あなたの夫が亡くなってから、あなたが姑《しゅうとめ》にしたこと、それに自分の父母や生まれ故郷を離れて、これまで知らなかった民のところに来たことについて、私は詳しく話を聞いています。主があなたのしたことに報いてくださるように。あなたがその翼の下に身を避けようとして来たイスラエルの神、主から、豊かな報いがあるように。」彼女は言った。「ご主人様、私はあなたのご好意を得たいと存じます。あなたは私を慰め、このはしための心に語りかけてくださいました。私はあなたのはしための一人にも及びませんのに。」

食事の時、ボアズはルツに言った。「ここに来て、このパンを食べ、あなたのパン切れを酢に浸しなさい。」彼女が刈る人たちのそばに座ったので、彼は炒り麦を彼女に取ってやった。彼女はそれを食べ、十分食べて、余りを残しておいた。彼女が落ち穂を拾い集めようとして立ち上がると、ボアズは若い者たちに命じた。「彼女には束の間でも落ち穂を拾い集めさせなさい。彼女にみじめな思いをさせてはならない。それだけでなく、彼女のために束からわざと穂を抜き落として、拾い集めさせなさい。彼女を叱ってはいけない。」

今回の箇所で、ボアズは初めてルツに声をかけます。それは、ほかの畑には行かないようにという提案でした。自分の畑で、一日に必要な大麦をすべて拾い集めるようにという配慮です。社会的な弱者が落ち穂を拾い集める権利は、モーセの律法によって保証されていましたが、それでも、意地悪をされないとは限りません。安心して落ち穂拾いができるように、自分の畑にとどまるようにと提案します。

それればかりではありません。自分の畑の使用人がルツに対して邪魔をしないようにとさえ命じる周到さがボアズにはありました。ボアズは畑の使用人たちの善意を信用していなかったわけではありません。しかし、人間の弱さもまた知っている人でした。特に若者たちは、弱者に対する想像力も十分ではないことはありがちなことです。ちょっとした配慮の不足が、相手を傷つけてしまうこともあります。

この先に何が起こるのか、という想像力は、その人の行動を決定づけます。想像力の乏しい人は、配慮にも乏しい人です。しかし、ボアズはそうではありませんでした。畑で働けば、当然喉も渇きます。喉が渇いたらどこで喉を潤せばよいか、ルツが困ることのないように、ボアズは配慮します。

ここまでの親切心に、ルツも驚くよりほかはありません。顔を地につけてひれ伏します。

「どうして私に親切にし、気遣ってくださるのですか。私はよそ者ですのに。」（2・10）

ルツには自分は外国人であるという負い目がありました。よそ者扱いされても当然だという覚悟もありました。しかし、身に余るようなボアズの言葉には、恐れ入るよりほかはありません。「あなたは私を慰め、このはしための心に語りかけてくださいました」（2・13）と語るルツの言葉は、嘘偽りのないルツの本心です。朝から他人の畑で落ち穂を拾ってきたルツの心には、ずっと張り詰めていた思いがあったはずです。

もちろん、前回取り上げた箇所に出てきたとおり、ボアズは自分の召使いからルツの素性を聞いていました。自分の親戚であるナオミとの関係も、この時点ではわかっていました。しかし、ルツに対するボアズの親切は、身内のものだからという理由だけではありませんでした。

自分の愛する配偶者を失ってもなお姑に対して尽くしてきたこと、そのために自分の両親と故郷に別れを告げて、見ず知らずの国へやって来たこと、その何もかもが、すでにボアズの耳にも届いていました。それは知ろうとして得た情報ではありません。町ではその噂でもちきりでした。ルツについては良い噂しか聞こえてきません。もちろん、噂ですから、ボアズはそれが本当かどうか確かめたわけではありません。しかし、召使いの報告では、この日だけでもルツは朝から今までずっと立ち通しで勤勉に働き続けてきたのですから、その噂は本当だとボアズは確信したことでしょう。

ボアズのルツに対する配慮は、まだ続きます。

食事の時には進んで声をかけます。ルツの必要を想像して、自分たちのパンを食べるようにと勧めます。落ち穂を拾いに来るような人が、お弁当など持参できるはずはないと、想像できるボアズです。遠慮するかもしれないルツに対して、ボアズは自分から炒り麦をつかんでルツに渡すほど配慮のできる人でした。ルツはルツで、食べきれないほどの食事を家で待つ姑のために持ち帰ります（2・18）。

食事のあと、再び落ち穂拾いを始めるルツに対して、ボアズはさらに特別な配慮を示します。若者たちに命じて、麦束の間で集めることも、わざと麦束から抜いて落としておくことさえも命じます。このような配慮は異例のことと言わざるをえません。こうしてルツが安心して落ち穂拾いに専念できる環境をボアズは提供しました。

ここに記された一連のボアズの親切は、ボアズの神に対する信仰と深く結びついています。畑にやって来た時から、ボアズは使用人たちに対して、自分から先に声をかけて「主があなたがたとともにおられますように」と挨拶《あいさつ》します。その挨拶の言葉も信仰にあふれた言葉です。これをただの習慣的な挨拶の言葉と受け取っては、ボアズに失礼でしょう。使用人たちもごく自然に「主があなたを祝福されますように」と挨拶を返します。この畑の主人と農夫との関係が、信仰に裏打ちされた良い関係であることを示しています。

ルツに対しても、神の御翼《みつばさ》の陰に助けを求めて逃れてきた一人の信仰者として受け入れています。ボアズの態度は、ただ身内びいきから出たものではありません。神への畏《おそ》れと信仰がボアズの生き方を裏付けているのです。

# 一筋の希望の光（ルツ2・17〜23）

私が今住んでいる街は、首都圏にある人口四十万ほどの都市ですが、近所の住宅地を散歩していると、荒れ放題になった空き家を目にするようになりました。跡を継ぐ子どもがいなかったのか、あるいは、いても遠方で管理が行き届かないのかもしれません。もし、跡取りがいなければ、やがてはその土地は国有地となり、その家の家系も忘れ去られていってしまいます。

一般庶民にとっては、家系が途絶えるということは、それほど大問題ではないかもしれません。しかし、何百年も続く名家ともなると、それは大問題です。養子を迎えたりと、大変な苦労をされるようです。将軍や大名に側室がいたのは、お世継ぎ問題を解決する一つの方策でした。

旧約聖書時代のイスラエル人にとっても、家系や土地を受け継ぐことは、非常に大切なことでした。というのも、それらは神からいただいた特別な恵みだったからです。選民としての意識も強かったと思います。選民が途絶えてしまえば、アブラハムに対する神の約束も無効になってしまいますから、家系を受け継ぐ子孫の存在は重要な問題です。

古代イスラエルには、それに関する二つの制度がありました。一つは、女性にも土地を受け継ぐ権利が認められていました。土地はそれぞれの氏族に神から与えられた恵みですから、それが途絶えないように女性にも土地が分け与えられました。『民数記』には、こう記されています。

あなたはイスラエルの子らに語れ。人が死に、その人に息子がいないときは、あなたがたはその相続地を娘に渡さなければならない。(27・8)

もう一つの制度は、レビレート婚（あるいはレビラト婚）と呼ばれる婚姻制度です。この制度はイスラエル以外にも見られる制度ですが、『申命記』にはこう記されています。

兄弟が一緒に住んでいて、そのうちの一人が死に、彼に息子がいない場合、死んだ者の妻は家族以外のほかの男に嫁いではならない。その夫の兄弟がその女のところに入り、これを妻とし、夫の兄弟としての義務を果たさなければならない。そして彼女が産む最初の男子が、死んだ兄弟の名を継ぎ、その名がイスラエルから消し去られないようにしなければならない。（25・5〜6）

ルツ記の背景には、こうしたイスラエル人の意識があったことを頭の片隅において読み進める必要があります。

それでは早速、今回の聖書の箇所を読んでみましょう。旧約聖書『ルツ記』2章17〜23節です。

こうして、ルツは夕方まで畑で落ち穂を拾い集めた。集めたものを打つと、大麦一エパほどであった。彼女はそれを背負って町に行き、集めたものを姑《しゅうとめ》に見せた。また、先に十分に食べたうえで残しておいたものを取り出して、姑に渡した。姑は彼女に言った。「今日、どこで落ち穂を拾い集めたのですか。どこで働いたのですか。あなたに目を留めてくださった方に祝福がありますように。」彼女は姑に、だれのところで働いてきたかを告げた。「今日、私はボアズという名の人のところで働きました。」ナオミは嫁に言った。「生きている者にも、死んだ者にも、御恵みを惜しまない主が、その方を祝福されますように。」ナオミは、また言った。「その方は私たちの近親の者で、しかも、買い戻しの権利のある親類の一人です。」モアブの女ルツは言った。「その方はまた、『私のところの刈り入れが全部終わるまで、うちの若い者たちのそばについていなさい』と言われました。」ナオミは嫁のルツに言った。「娘よ、それは良かった。あの方のところの若い女たちと一緒に畑に出られるのですから。ほかの畑でいじめられなくてすみます。」それで、ルツはボアズのところの若い女たちから離れないで、大麦の刈り入れと小麦の刈り入れが終わるまで落ち穂を拾い集めた。こうして、彼女は姑と暮らした。

ルツは、そうとは知らずに、姑ナオミの親族にあたるボアズの畑で日が暮れるまで落ち穂を拾い集めました。前回も学んだとおり、そのようにルツが安心して落ち穂を拾うことができたのは、ボアズの特別な配慮によるものでした。

一日で集めた落ち穂から取れた大麦は一エパとあります。それはおよそ二十三リットルにあたる量です。そういわれてもピンとこないかもしれません。大麦一カップがおよそ四百キロカロリーと言われていますから、成人女性の一日の必要カロリーの四分の一から五分の一がそれで賄《まかな》えます。二十三リットルなら、女性二人が一週間は十分に過ごせます。ちなみに、エリヤの時代に干ばつが襲ったとき、ツァレファテに住むやもめは、かめの中の一握りの小麦粉と壺の中のわずかな油で一食分作るのが、親子二人の最後の食料でした(Ⅰ列王17・12)。それと比較すれば、有り余るほどの分量です。

姑のナオミが目を見張ったのも無理はありません。一目見れば、それは落ち穂拾いだけで得られる分量ではないことは、ナオミにもわかったはずです。その上、飽き足りて残した食べ物までも持って帰って来たのですから、いったいどんな方の畑に行ってきたのか、ナオミが聞かないはずはありません。ナオミは「どこで」を連発します。

「今日、どこで落ち穂を拾い集めたのですか。どこで働いたのですか。」(2・19)

しかし、それを知ったからと言って、ナオミには恩返しをするだけの余力もありません。ただただ、その人の上に神の祝福を祈るばかりです。

ルツの世話になった畑の持ち主が、自分の親戚筋の人ボアズであることを知ったナオミは、さらに言葉を強めて、その人の祝福を願います。

「生きている者にも、死んだ者にも、御恵みを惜しまない主が、その方を祝福されますように。」（2・20）

生きた人に対してならともかく「死んだ者にも、御恵みを惜しまない主」という表現には、ナオミの特別な思いが表れているように思います。ナオミにとってそれは、二重の意味でそうでした。

ナオミはかつて飢饉《ききん》を逃れて家族ともどもモアブに移住しましたが、そこで最愛の夫を失い、家を継ぐはずの二人の息子たちも相次いで亡くなってしまいました。人々の記憶からは、夫のことも息子たちのことも、すっかり忘れ去られていたかもしれません。風前の灯のようなこの家族を、主が顧みてくださったという思いは、ナオミの心にどれほど希望をもたらしたことでしょう。

「信仰」という意味でも、ナオミは死んだような希望のない自分を顧《かえり》みてくださった主への感謝の思いを隠せません。

故郷のベツレヘムに帰って来たとき、ナオミが口にした言葉は「主が私を卑しくし、全能者が私を辛い目にあわせられたというのに」という思いでした。このまま主の恵みのうちを再び歩むことができないかもしれない、という信仰的な死を経験していました。

しかし、思いを超えた方法で、神はナオミたちに恵みを与えてくださいました。ルツがお世話になった畑の持ち主であるボアズは、ナオミたちの家を絶やさない責任のある親戚でした。

ナオミが最初に驚いたのは、ルツがその日に得た食料の多さでした。しかし、それ以上に驚いたのは、行った先の畑が、自分たちの親戚筋であったという不思議です。

しかし、それにも勝ってナオミにとっての驚きは、そのように自分たちを支えてくださる生けるまことの神との再びの出会いです。ナオミにとってこの日、一番うれしかったことは、神の顧みを一連の出来事の中に確信したことでした。食料の多さが人を幸せにするものではないことは、ナオミはすでにモアブでの移住で経験済みです。主の顧みがあることこそ、ナオミにとって一番の喜びでした。

偶然のように見えるこの出来事の中に、ナオミは生きて働かれる神の希望の光を見いだしたのです。

結婚についての考え方や風習は、時代や国によって大きな違いがあって、自分たちと異なる制度に強い違和感を感じることがあるかもしれません。そういう意味では、『ルツ記』に出てくるボアズとルツの結婚に至る道は、私たちの理解では思いもよらないことかもしれません。ただ、この二人には、家を守るという大義のために、好きでもない相手と結婚するという雰囲気は微塵《みじん》も感じられません。当時の制度の中で、自分たちの置かれた状況を信仰的に受け止めて、幸せを最大限に享受することができた家族の話として、安心して読むことができるのだと思います。

それでは早速、今回の聖書の箇所を読んでみましょう。旧約聖書『ルツ記』3章1～9節です。

## ナオミの大胆な計画（ルツ3・1～9）

姑《しゅうとめ》のナオミは彼女に言った。「娘よ。あなたが幸せになるために、身の落ち着き所を私が探してあげなければなりません。あなたが一緒にいた若い女たちの主人ボアズは、私たちの親戚ではありませんか。ちょうど今夜、あの方は打ち場で大麦をふるい分けようとしています。あなたはからだを洗って油を塗り、晴れ着をまとって打ち場に下って行きなさい。けれども、あの方が食べたり飲んだりし終わるまでは、気づかれないようにしなさい。あの方が寝るとき、その場所を見届け、後で入って行ってその足もとをまくり、そこで寝なさい。あの方はあなたがすべきことを教えてくれるでしょう。」ルツは姑に言った。「おっしゃることは、みないたします。」

こうして、彼女は打ち場に下って行き、姑が命じたことをすべて行った。ボアズは食べたり飲んだりして、気分が良くなり、積み重ねてある麦の傍《かたわ》らに行って寝た。彼女はこっそりと行って、ボアズの足もとをまくり、そこに寝た。夜中になって、その人は驚いて起き直った。見ると、一人の女の人が自分の足もとに寝ていた。彼は言った。「あなたはだれだ。」彼女は言った。「私はあなたのはしためルツです。あなたの覆《おお》いを、あなたのはしための上に広げてください。あなたは買い戻しの権利のある親類です。」

ナオミたちがモアブからベツレヘムにやってきたのは、大麦の刈り入れが始まる季節でした。今回の場面は、刈り入れが終わって、収穫した大麦を麦打ち場でふるい分ける頃の話です。ルツがボアズの畑に出入りするようになって、それだけの時間が経ったということです。その間、ボアズはルツのことを今まで以上に知ることができたでしょうし、ルツもルツで、日々示されるボアズの親切な態度に強く惹《ひ》かれていったことでしょう。ナオミはルツがボアズの畑から帰ってきた時に聞かされる一日の出来事の話に、この二人の仲が深まっていく様子を感じ取ったに違いありません。

ナオミの提案は、決して、事を急いだ唐突な提案ではありませんでした。二人の様子を見てきたナオミの思慮深い判断と見るべきでしょう。何よりもナオミが最優先に考えてきたことは、ルツの幸せでした。これはモアブの地を立つ時から、ナオミがお嫁さんたちについてずっと考えてきたことでした。モアブ出身のお嫁さんたちを、異国の地で苦労させるわけにはいかないという思いから、最初は一緒に来ることさえ拒んだナオミでした。それでも自分についてきたルツに対して、幸せになってほしいという思いはずっと消えませんでした。開口一番に出た言葉はこうでした。

「娘よ。あなたが幸せになるために、身の落ち着き所を私が探してあげなければなりません。」（3・1）

自分の娘の幸せを願う母親の気持ちそのものです。ナオミにとってルツは、もはや外国人でもなければ、義理の娘でもありません。まさに「娘」です。これはナオミの偽りのない気持ちです。

その落ち着き先とは、ほかならぬボアズのことでした。ボアズにはもう何日も世話になり、畑に出入りして、顔の知れた相手です。今さら「身の落ち着き所を私が探してあげなければなりません」というナオミの発言は、不自然な感じがするかもしれません。ナオミが探したわけではなく、偶然のような出会いから始まったボアズとの関係です。しかし、「探してあげなければなりません」という言葉には、ナオミの気持ちが込められています。偶然のように始まった二人の出会いを、このまま終わらせてしまいたくない、というナオミの心が込められています。

というのも、この二人の仲が、自然消滅してしまう可能性は十分に考えられたからです。ボアズはルツを呼ぶとき、最初から「娘さん」という呼び方をしています。これは、ボアズとルツの年齢差を意識した言葉遣いかもしれません。そうであるとすると、ボアズのほうからプロポーズするのは、ボアズとして躊躇《ちゅうちょ》するかもしれません。同じように、ルツにしてみれば、身分の差や、自分が外国人であることを考えると、自分から思いを伝えることには尻込みしてしまうでしょう。そうであるからこそ、ナオミはルツの背中を押すためにも「身の落ち着き所を私が探してあげなければなりません」という言い方をしたのでしょう。

ナオミは大麦の収穫が山場を迎える、その日の晩の習慣を知っていました。ボアズが収穫を祝う食事を開き、その晩は打ち場に寝泊まりするということを。

ナオミはルツをきれいに身支度させて、その場に行かせます。ただボアズがほろ酔い加減になって床に就くまで、なりを潜めるようにと命じます。床についたのを見計らって、ボアズの衣の裾で身を覆って横になるようにと、事細かくルツに指図します。これは、当時の普通の求婚のしきたりなのか、それとも、ナオミの大胆な発案なのか、今となってはわかりません。ただ、旧約聖書には同じようなことが、ほかにも書かれていました。ヤコブがラケルと結婚するとき、姉のレアをヤコブに押し付けるために、義理の父になるラバンは、夜の暗闇に乗じて、ひそかにヤコブが眠る天幕にレアを送り込みました（創世29章）。

この二つの話は似てはいますが、違いのほうが大きいでしょう。あの時のヤコブにとって、レアとの結婚を迫られたことは、有無を言わせない押し付けでした。しかし、ナオミはルツをボアズのもとに送りはしたものの、結婚を受け入れるかどうかの選択は、ボアズに委ねられていました。

ナオミもルツも決して強引に事を進めようとはしませんでした。無謀のように見えるこの計画は、ルツに幸せになってほしいと思うナオミの願いと、また姑であるナオミに対するルツのひたむきな思いとが一つとなったからこそ、進めることができました。もちろん、その背後に、偶然のように思える二人の出会いを神の導きと信じる信仰がなければ、ナオミもここまで大胆な方法を提案しはしなかったことでしょう。

ルツはナオミに言われたとおり行います。

夜中に目を覚ましたボアズは、予想外の出来事に「あなたはだれだ」と問いただします。それに対して、ルツは落ち着いて思いを伝えます。

「私はあなたのはしためルツです。あなたの覆いを、あなたのはしための上に広げてください。あなたは買い戻しの権利のある親類です。」（3・9）

衣の裾を広げて覆うという表現は、親鳥がひなを翼で覆うイメージと重なります。ボアズは自分の畑に来たルツと出会ったとき、「あなたがその翼の下に身を避けようとして来たイスラエルの神、主から、豊かな報いがあるように」（2・12）と語りかけました。ルツは神がボアズを通して自分を保護してくださることを望んでいます。それは、ボアズが神の律法を通して定められた自分たちの家を守る責任のある親族だからです。

ルツの求愛の言葉は、ナオミへの信頼とボアズへの尊敬、そして、何よりもそのような状況を作り出してくださった神への信仰に満ちた求愛の言葉なのです。

# ボアズの思慮深い応答（ルツ３・10〜18）

テレビドラマから、Ｊ－ＰＯＰ、演歌に至るまで、男女の恋愛をテーマにしたものは山ほどあります。抑えがたい恋心がストレートに描かれたり、男女の駆け引きがあったり、時には失恋して痛手を負った悲しい恋もテーマとなります。これは今に始まったことではありません。『万葉集』にも『源氏物語』にも、恋は重要なテーマとして登場します。

恋に恋する若い男女は別として、結婚を前提とした付き合いとなると、誰しも慎重に思慮深く行動します。相手を傷つけることも、自分が傷つくことも望まないからです。それでも、思いどおりにならない時には、痛手を負ってしまいます。

きょうの箇所で描かれるボアズの行動は、とても思慮に富んでいます。

それでは早速、今回の聖書の箇所を読んでみましょう。旧約聖書『ルツ記』３章10〜18節です。

ボアズは言った。「娘さん、主があなたを祝福されるように。あなたが示した、今回の誠実さは、先の誠実さにまさっています。あなたは、貧しい者でも富んだ者でも、若い男の後は追いかけませんでした。娘さん、もう恐れる必要はありません。あなたが言うことはすべてしてあげましょう。この町の人々はみな、あなたがしっかりした女であることを知っています。ところで、確かに私は買い戻しの権利のある親類ですが、私よりももっと近い、買い戻しの権利のある親類がいます。今晩はここで過ごしなさい。朝になって、もしその人があなたに親類の役目を果たすなら、それでよいでしょう。その人に親類の役目を果たしてもらいましょう。もし、その人が親類の役目を果たすことを望まないなら、私があなたを買い戻します。主は生きておられます。さあ、朝までお休みなさい。」

ルツは朝まで彼の足もとで寝て、だれかれの見分けがつかないうちに起きた。彼は「打ち場に彼女が来たことが知られてはならない」と思い、「あなたが着ている上着を持って、それをしっかりつかんでいなさい」と言った。彼女がそれをしっかりつかむと、彼は大麦六杯を量り、それを彼女に背負わせた。それから、彼は町へ行った。彼女が姑《しゅうとめ》のところに行くと、姑は尋ねた。「娘よ、どうでしたか。」ルツは、その人が自分にしてくれたことをすべて姑に告げて、こう言った。「あなたの姑のところに手ぶらで帰ってはならないと言って、あの方はこの大麦六杯を下さいました。」姑は言った。「娘よ、このことがどう収まるか分かるまで待っていなさい。あの方は、今日このことを決めてしまわなければ落ち着かないでしょうから。」

前回の箇所には、ボアズの寝床に忍び込むルツの大胆な行動が描かれていました。しかし、大胆には見えますが、決して無謀な行動ではありませんでした。姑であるナオミの知恵と熟慮が、その背景にはありました。その前提には、すべてを導いてくださる神への信頼がありました。もちろん、ルツとボアズの間に恋愛感情がまったく見て取れないのであれば、ナオミも自分の家の都合だけでここまでの計画は立てなかったでしょう。

さて、自分の寝床に忍び込んだルツから話を聞いたボアズもまた、知恵を働かせて、事柄が良い方向へと進むようにと思慮深い行動をとります。

ボアズの口から最初に飛び出した言葉は、ルツへの祝福を神に願う言葉でした。今まで描かれてきた畑でのボアズの言葉や行動は、どれも一貫してルツの幸せを願う、配慮に満ちたものでした。ここでもまた、自分が中心ではなく、ルツを中心に物事を考えるボアズの姿が描かれています。
次にボアズの口から出た言葉は、自分がルツをどう見てきたか、というルツに対する言葉です。

「あなたは、貧しい者でも富んだ者でも、若い男の後は追いかけませんでした。」
(3・10)

ボアズの畑で働く者の中には、ボアズよりもずっと若く、結婚の相手としてはより魅力的な人もいたことでしょう。何よりも、ボアズは今まで一貫してルツのことを「娘さん」と呼んで、歳の差を意識してきたことが伺われます。ここに、ルツと一定の距離を保とうとしてきたボアズの思慮が感じられます。

けれども、ルツのとった行動を見ていると、そうした若者たちに目をくれる様子も見受けられませんでした。おそらく、ボアズはそういうルツを好意的に見ていたのでしょう。そのうえで、今夜、自分を選んでやって来たルツの行動を、先の誠実さにまさったものと感じました。

早速ルツの思いに応えて、ボアズは言います。

「娘さん、もう恐れる必要はありません。あなたが言うことはすべてしてあげましょう。」（3・11）

「もう恐れる必要はありません」と、ここでもボアズはルツの気持ちに寄り添っています。ルツにしてみれば、どんなに信仰があったとしても、事の成り行きには不確定な要素がありました。ボアズの答えを聞くまでは、気が気ではなかったはずです。そんなルツの気持ちをボアズは察して、「もう恐れる必要はありません」と、そう声をかけます。そのうえで、「あなたが言うことはすべてしてあげましょう」とルツの願いを聞き入れます。

もちろん、ボアズはただ親戚としての義務感からそう結論したのではないでしょう。愛を伴わない約束ではなく、ルツの真心をしっかりと受け止めたうえでの約束です。

ボアズは先に自分がルツをどう見てきたかを述べましたが、今度は、周りの人がルツをどう見ているかを話します。それは、ボアズが果たそうとしている約束が、世間的に見ても受け入れられるものであることを示して、ルツを安心させるためでした。

「この町の人々はみな、あなたがしっかりした女であることを知っています。」（3・11）

もはや、町のおもだった人たちには、ルツはモアブから来た異邦人の女ではなく、立派な一人の女性として認められていました。ですから、ボアズが約束を果たすには、何の障害も予想されません。

ただ、一つだけ、問題がありました。それは、自分よりももっと近い、買い戻しの権利のある親戚がほかにいるということでした。そのことを知っているボアズは、順序立てて事柄を解決しようと、冷静な行動をとろうとします。自分の思いよりも、律法の定めを優先させる冷静さです。

ボアズはこれらのことをルツに話したうえで、なおルツに対する配慮に満ちた行動をとります。話が済んだからといって、ルツを危険な夜に家に帰らせたりはしません。夜が明けるまで留まるようにと配慮します。しかしまた、人目に触れてあらぬ誤解を招かないように、人の見分けのつかない薄明かりの明け方にルツを去らせます。

そのうえルツを手ぶらで帰すわけにはいかないと、ボアズはたくさんの大麦をルツに持たせます。何から何までボアズは思慮深く配慮に満ちた行動をとります。

帰宅したルツは、ナオミに問われるままに、ボアズのもとで過ごした一夜の出来事を残らず報告します。報告を聞いたナオミは、事の成り行きを見守って、じっとしているようにとルツに助言します。神を信じるゆえの大胆な行動と、同じく神を信じるがゆえの冷静に待つ姿勢とが、隣り合わせに描かれます。それは、思慮深く行動をとったボアズへの信頼の気持ちの表れでもあります。

# 思慮に満ちた交渉（ルツ4・1〜8）

古代ローマ法には、「握手行為」と呼ばれる制度がありました。これは奴隷や家畜などの売買の際に、所有権が買い手に移ったことを示す行為でした。そのために五人以上のローマ市民が証人として必要でした。

今回取り上げようとしている箇所には、古代イスラエルの法的な手続きが登場します。「買い戻しや権利の譲渡《じょうと》をする場合、すべての取り引きを有効にするために、一方が自分の履き物を脱いで、それを相手に渡す」という認証手続きが必要でした。そのためには十名の長老たちの証人の前で、履き物を脱いで渡すという行為が必要でした。

作法は違っていても、共通するのは、証人たちを前に特定の所作を行うということです。本来、人間が自分の約束に忠実であれば、こんな行為も証人も必要としなかったでしょうが、罪ある人間社会にはそうした手続きはどうしても必要です。

もっとも、このような制度が生まれるのは、人間が誠実ではないからという理由だけではありません。第三者に対して、自分の権利を守るという意味でも大切な行為でした。

今回取り上げようとする箇所で、ボアズはナオミやルツを守るために、法的な手続きを怠《おこた》りなく果たしていきます。

それでは早速、今回の聖書の箇所を読んでみましょう。旧約聖書『ルツ記』4章1〜8節です。

一方、ボアズは門のところへ上って行って、そこに座った。すると、ちょうど、ボアズが言ったあの買い戻しの権利のある親類が通りかかった。ボアズは彼に言った。「どうぞこちらに来て、ここにお座りください。」彼はそこに来て座った。ボアズは町の長老十人を招いて、「ここにお座りください」と言ったので、彼らも座った。ボアズは、その買い戻しの権利のある親類に言った。「モアブの野から帰って来たナオミは、私たちの身内のエリメレクの畑を売ることにしています。私はそれをあなたの耳に入れ、ここに座っている人たちと私の民の長老たちの前で、それを買ってくださいと言おうと思ったのです。もし、あなたがそれを買い戻すつもりなら、それを買い戻してください。けれども、もし、それを買い戻さないのなら、私にそう言って知らせてください。あなたを差し置いてそれを買い戻す人はいません。私はあなたの次です。」彼は言った。「私が買い戻しましょう。」ボアズは言った。「あなたがナオミの手からその畑を買い受けるときには、死んだ人の名を相続地に存続させるために、死んだ人の妻であったモアブの女ルツも引き受けなければなりません。」するとその買い戻しの権利のある親類は言った。「私には、その土地を自分のために買い戻すことはできません。自分自身の相続地を損なうことになるといけませんから。私に代わって、あなたが買い戻してください。私は買い戻すことができません。」

昔イスラエルでは、買い戻しや権利の譲渡をする場合、すべての取り引きを有効にするために、一方が自分の履き物を脱いで、それを相手に渡す習慣があった。これがイスラエルにおける認証の方法であった。それで、この買い戻しの権利のある親類はボアズに、「あなたがお買いなさい」と言って、自分の履き物を脱いだ。

前回取り上げた箇所で、ボアズはルツに対して、「もう恐れる必要はありません。あなたが言うことはすべてしてあげましょう」（3・11）と約束しました。またルツからその報告を聞いたナオミも、「あの方は、今日このことを決めてしまわなければ落ち着かないでしょうから」（3・18）と語って、ボアズが遅れることなく、その約束を果たしてくれることを確信していました。

そのとおり、ボアズは早速、必要な法的手続きを取るために町の門のところへ上っていきます。「上って行く」という表現は、町の内部から門のところへ行ったのではなく、町の外の畑のあるところから、町の門のある場所に行ったということを示しています。『ルツ記』の中では、打ち場へは「下って行く」（3・3、6）という表現が使われていることから考えて、ボアズが門のところへ上って行ったのは、昨夜過ごした打ち場からであったことが伺われます。つまり、ボアズはルツと別れたその足で、家には戻らず、手続きをとりに行ったということでしょう。

古代のイスラエルでは、町の門、というのは単なる町の入り口ではありませんでした。そこは町で起こるさまざまな問題を法的に解決する場所でもありました。たとえば、『申命記』21章19節には、父母に従わない十戒違反の息子に対して取られる法的手続きについて、「町の門にいる町の長老たちのところへ」突き出すように定めています。そのように、町の門というのは、裁判が行われる重要な場所でした。

当然ですが、門は町への出入りの場所でもありますから、そこで待っていれば、お目当ての人に出会うチャンスは大きくなります。予想どおり、お目当ての人物が通りかかります。ボアズは彼を引き留めて、さっそく証人となる長老たちを呼び集めて、手続きを始めます。

ボアズは法に従って、一つ一つ、着実に事柄を処理していきます。法に従うことは当たり前のことかもしれませんが、しかし、ボアズはその当たり前のことを忠実に守っていく人でした。

ボアズは、自分よりも親戚の責任を果たす優先義務のあるその人に、ナオミが所有する畑地についての相談を持ちかけます。ルツに対する親戚としての義務のことは、その次に話します。この順番は、とても思慮深い話の進め方です。もし逆の順番で話を持ちかけたら、どうでしょう。この親戚の人は、ルツの話を先に聞いて、親戚としての責任をすぐに放棄してしまうでしょう。そのあとで、ナオミの畑のことを持ち出して、それもボアズのものになると話を進めたならば、ナオミの畑を手に入れるために、ボアズはずるい交渉をしたと、この親戚の人にあらぬ疑いを持たれてしまいます。

この順番で交渉を進めることで、後からトラブルが起きないように、ボアズは賢く物事を進めていきます。この親戚の人は、自分にとって好都合な話を最初に聞いて、二つ返事で首を縦に振りますが、後から聞かされた、自分にとってうれしくない話を聞いて、結局は自分から親戚としての責任を放棄してしまいます。この人のことを必要以上に悪く言うつもりはありませんが、もしかしたら、ルツがモアブの出身であることを聞かされなければ、ルツを引き取ったかもしれません。ルツを引き取りたくない理由は明らかではありませんが、畑を買い取る余裕はあっても、ルツの面倒を見る余裕はないということでしょう。

第一優先権のあるこの親戚の人は、法に従って、履き物を脱いでボアズに渡し、証人の前で、権利と義務がボアズに渡ったことを公に示します。

ところで、この話の中に出てくる「買い戻す」という言葉には、聖書の中にしばしば登場する「贖《あがな》う」という重要な言葉と同じ単語が使われています。この短い箇所で、この「贖う」に関する単語は何度も登場します。「新改訳二〇一七」のこの箇所の「買い戻しの権利のある親類」という言葉も、実は直訳すれば「贖う人」という表現です。つまり、この短い箇所で問題となっているのは、誰が贖う責任を持っているのか、という問題です。このボアズとルツの子孫から、やがてはまことの贖い主、イエス・キリストが誕生したことは（マタイ1・5）、決して偶然ではないでしょう。

## ボアズが重んじたこと（ルツ４・９〜12）

その人が何を大切にしているか、ということは、その人の生き方に大きな影響を及ぼします。それが自覚的なものであれ、無意識のものであれ、その影響から逃れることは難しいように思います。

昔から地位やお金は、人生の目的そのものになってしまうほど、人が大切に思ってきたことの一つでした。もちろん、地位やお金よりも、人から称賛されることを大切に思って生きる人も昔から大勢います。あるいは、大勢の人からの称賛よりも家族の笑顔が何よりも大切と思って生きている人もいます。また、世間体《せけんてい》が大事と思う人がいるかと思えば、周りの人の価値観よりも自分が信じていることを大事にしたいと思う人もいます。人それぞれ大切にしているもの、大事にしているものは異なりますが、それがその人の生き方を左右しているという点では共通しています。

『ルツ記』に登場するボアズの生き方にも、ボアズが何を大切にしているかが、大きな影響を及ぼしているように思います。

それでは早速、今回の聖書の箇所を読んでみましょう。旧約聖書『ルツ記』４章９～12節です。

ボアズは、長老たちとすべての民に言った。「あなたがたは、今日、私がナオミの手から、エリメレクのものすべて、キルヨンとマフロンのものすべてを買い取ったことの証人です。また、死んだ人の名を相続地に存続させるために、私は、マフロンの妻であったモアブの女ルツも買って、私の妻としました。死んだ人の名を、その身内の者たちの間から、またその町の門から絶えさせないためです。今日、あなたがたはその証人です。」門にいたすべての民と長老たちは言った。「私たちは証人です。どうか、主が、あなたの家に嫁《とつ》ぐ人を、イスラエルの家を建てたラケルとレアの二人のようにされますように。また、あなたがエフラテで力ある働きをし、ベツレヘムで名を打ち立てますように。どうか、主がこの娘を通してあなたに授ける子孫によって、タマルがユダに産んだペレツの家のように、あなたの家がなりますように。」

前回は、ナオミとルツに対して最も責任のある親族との交渉の話を学びました。交渉を担当したのは、ほかならぬボアズでした。ボアズはひょんなことからモアブから来た女性ルツと出会いました。ひょんなこととは言いましたが、その出会いの背後には、目に見えない神の導きがありました。ただ、人間的には偶然としか思えない二人の出会いでした。

自分の畑で落ち穂を拾うルツと、その姑のナオミが、自分の親族であることをボアズが知るのに、そう時間はかかりませんでした。ルツからの求愛に促されて、ボアズは自分よりも親族として責任ある人物と話を付ける必要がありました。その交渉が前回学んだ内容でした。

原文のヘブル語聖書では、この交渉場面の中心に「贖《あがな》う」という言葉が頻繁に出ています。親族としての責任とは、具体的には贖うことが責任の中心であったということです。贖う責任を放棄した一方の親族に対して、贖う責任を果たそうと決意したボアズの姿が対照的に描かれていました。

前回取り上げた箇所には、認証の手続きとして、当事者が自分の履き物を脱いで相手に渡す行為について、さらっと書かれていました。しかし、その手続きの詳細を記した『申命記』25章5節以下には、その行為は単なる認証手続きの行為ではなく、不名誉な仕草であることをうかがわせる記述があります。履き物を脱いで渡すというよりは、履き物を脱がされたうえに、その顔に唾《つば》までかけられて、「兄弟の家を建てない男はこのようにされる」と非難されるほどでした。そして、親族としての責任を果たさなかった者には、「履き物を脱がされた者の家」という不名誉なレッテルが貼られました。

『ルツ記』には、そうした相手の不名誉を大きく取り上げるような書き方はなされていません。あるいはルツの時代には、履き物を渡すことに含まれた意味はほとんど忘れ去られ、形式だけが残っていたのかもしれません。いずれにしても、『ルツ記』では、相手に対する非難よりも、ボアズに対する祝福のほうに目が注がれています。

前置きが長くなってしまいましたが、先ほどお読みした箇所には、ボアズが親族としての責任を果たす決意を表明した言葉と、それに応えてボアズを祝福する長老たちの言葉が記されています。

「あなたがお買いなさい」と言って、相手の親族が履き物を脱いで渡したそのとき、ボアズはすかさず自分の責任を表明し、証人である長老たちに言いました。

「あなたがたは、今日、私がナオミの手から、エリメレクのものすべて、キルヨンとマフロンのものすべてを買い取ったことの証人です。また、死んだ人の名を相続地に存続させるために、私は、マフロンの妻であったモアブの女ルツも買って、私の妻としました。死んだ人の名を、その身内の者たちの間から、またその町の門から絶えさせないためです。今日、あなたがたはその証人です。」（４・９〜10）

ボアズがルツを自分の妻としたのは、ルツに対する愛があったことは言うまでもありません。それに加えて、亡くなった親族の嗣業《しぎょう》の土地や一族の名を重んじる気持ちがボアズにはありました。

嗣業の土地や一族の名を重んじるという価値観は、現代の私たちにはあまりピンとこないかもしれません。しかしこのことは、イスラエルの人々にとっては大切な価値観でした。それは、自分たちの先祖であるアブラハムに神が約束してくださったことと深く関わっているからです。神はアブラハムの子孫が星の数のようになること、また、約束の土地を子孫たちに継がせることを約束してくださいました。そのことを通して、祝福が世界に波及し、神の救いの業《わざ》が進展していく見取り図を神が示してくださったからです。

要するに、嗣業の土地や一族の名を重んじるという価値観は、神の祝福や救いの約束と深い結びつきがあるということです。ボアズが取った行動は、アブラハム、イサク、ヤコブ、そしてイスラエルの十二部族に受け継がれてきた信仰の遺産を何よりも重んじた行動ということができます。

世界全体から見れば、小さな田舎に過ぎないベツレヘムの住人の、小さな結婚の決意に過ぎないかもしれません。それが直ちに世界を変えることに結びつくことでもありません。しかし、小さな町の出来事でしたが、そこに暮らす人々にはちょっとした噂になるような大きな出来事だったことでしょう。そして、その時代を生きた人々には知ることもできないことでしたが、後にボアズとルツの子孫からダビデ王が生まれ、そこから何百年も経って救い主イエス・キリストが誕生しました。信仰の遺産を大切に守ったボアズの行動が、やがては世界を変えたといっても言い過ぎではありません。もちろん、ボアズはそんな名誉は期待もしていなかったことでしょう。

ボアズの言葉に呼応して述べられる、民と長老たちの祝福の言葉が記されています。

「どうか、主が、あなたの家に嫁ぐ人を、イスラエルの家を建てたラケルとレアの二人のようにされますように。」（4・11）

ヤコブの妻、ラケルとレアを通してイスラエルの十二部族が誕生しました。ルツをラケルとレアの二人のようにしてくださるように、という言葉は、ボアズには身に余る祝福であったばかりか、それは、いささか誇張的な表現にも聞こえたことでしょう。しかし、そののちの歴史を知っている私たちにとっては、これは決して誇張ではありません。神がその祝福を現実のものとしてくださいました。神の約束を大切にした者だけが受け取ることができる祝福です。

# 恵みの回復（ルツ4・13〜15）

「人生楽ありゃ苦もあるさ」と歌うのは、有名なテレビドラマ『水戸黄門』の主題歌です。これは「苦あれば楽あり」ということわざにもあるとおり、一般的な真理と言うことができると思います。人の人生の中には、苦しいこともあれば、楽しいこともあります。それは、苦労が続くことばかりではない、という希望にもつながりますが、反対に、人生は楽しいことばかりではない、という警告にも聞こえます。人生に苦楽が伴うことは、信仰を持っている人にとっても例外ではありません。

信じていれば病気にならないとか、信仰があれば必ず希望どおりの人生になるということはありません。そういうことを期待して信仰心を持つとすれば、いつかは期待を裏切られます。その結果、「だから神などいない」と短絡的に結論付けてしまったり、「自分には信仰が足りなかったのだ」と悲観的になったりしてしまいます。

もっとも、信仰が人生の見方を変えるということは大いにあります。信仰によって困難な状況の中にあっても希望を持ち続ける忍耐が与えられたり、つまらないと思える生活の中に小さな幸せを見つけたりする目が養われます。

『ルツ記』に記されたことは、単に人生には苦楽が伴うという一般的な真理でもなければ、ただのハッピーエンドのお話でもありません。翻弄《ほんろう》された人生を、信仰を貫いて生きた女性たちの話であり、神が見えない御手をもって彼女たちを支え続けてきた話です。

それでは早速、今回の聖書の箇所を読んでみましょう。旧約聖書『ルツ記』4章13〜15節です。


ボアズはルツを迎え、彼女は彼の妻となった。ボアズは彼女のところに入り、主はルツを身ごもらせ、彼女は男の子を産んだ。女たちはナオミに言った。「主がほめたたえられますように。主は、今日あなたに、買い戻しの権利のある者が途絶えないようにされました。その子の名がイスラエルで打ち立てられますように。その子はあなたを元気づけ、老後のあなたを養うでしょう。あなたを愛するあなたの嫁、七人の息子にもまさる嫁が、その子を産んだのですから。」

前回までの話は、ボアズが親族としての責任を、多くの証人たちの前で果たしたということでした。そこには、ボアズの思慮深い行動と、また、その行動を貫かせるボアズの価値観がありました。親族としての責任とは、具体的には、ヘブル語の原語が示すとおり、贖《あがな》う責任のことです。その一つに、畑の買い戻しということがありました。

ボアズよりも優先権のある別の親族は、畑の買い戻しには興味を示しました。しかし、もう一つのことがあって、それを断念せざるをえませんでした。それは、子どももなくして夫に先立たれたルツを妻として迎えるという責任でした。ルツがモアブ出身でなければ、この別の親族はルツを妻として迎え入れたかもしれません。いずれにしても、ボアズの望むとおりに事は進み、ボアズはルツを妻として迎え入れることになりました。

今回の箇所は、「ボアズはルツを迎え」という言葉で始まります。畑の買い戻しもボアズにとっては大きなことでしたが、それ以上にルツを妻として迎え入れることは、大きな責任を伴うことでした。

振り返ってみれば、ルツがボアズに出会ったのは、偶然のような出来事でした。ルツは意図してボアズの畑で落ち穂拾いをしたわけではありません。ボアズがそれを予想することもありませんでした。ある日、自分の畑に行ってみると、見慣れない女性が小屋で一息入れているのが最初の出会いでした。この女性が自分の人生にどんな影響を与えるかなど、想像もしていなかったことでしょう。

結婚の話を持ち出したのは、ナオミの知恵もありましたが、ルツもまんざらではありませんでした。ナオミの言葉に従順に耳を傾け、夜、打ち場で眠るボアズのもとに忍び込みます。「あなたはだれだ」と問いかけるボアズに対して、ルツが答えたあの言葉が、ボアズを積極的な行動に促すきっかけでした。

「私はあなたのはしためルツです。あなたの覆《おお》いを、あなたのはしための上に広げてください。あなたは買い戻しの権利のある親類です。」（3・9）

これは単に贖う責任をボアズに求める言葉ではなく、同時に求婚の言葉でもありました。ルツのその言葉に応えて、ボアズは思慮深い行動によってルツをめとりました。それは、ルツの願いどおり、親鳥が翼を広げて雛《ひな》を守るように、ルツを守る責任を引き受けることでもありました。

「ボアズはルツを迎え」という言葉に続けて、「彼女は彼の妻となった」と記されます。

新共同訳聖書はこの二つの文を、「ので」という言葉で結んでいます。

　ボアズはこうしてルツをめとったので、ルツはボアズの妻となった。（4・13）

　確かにボアズがルツを妻として迎え入れる決断をしなければ、ルツはボアズの妻となることはできないのですから、「ので」という言葉で二つの文を結び合わせるのは当然かもしれません。しかし、あえて「ので」という言葉で結び合わせる必要もないように思われます。ボアズはボアズでルツを妻として迎え入れる意思を表し、ルツはルツでボアズの妻となる意思を表した、つまり、どちらがどちらかの行為に依存しているのではなく、両者の思いが一つとなって夫婦となったと読めるように思います。

　今回取り上げた箇所は、二人の結婚で終わりません。ルツが男の子を出産する話へと展開します。ルツにしてみれば、死に別れた最初の夫との間には子どもがいませんでした。このことは、ルツのこれまでの人生の中でずっと引きずってきた、大きな苦しみであったことでしょう。そうした苦しみの中で、ナオミから受け継いだ信仰が芽生えて、ナオミとともに主に従って歩む決意を生み出したのかもしれません。

ルツが男の子を産むくだりを記す『ルツ記』は、「主はルツを身ごもらせ、彼女は男の子を産んだ」と記しています。聖書には子どもが生まれる話はたくさん出てきます。しかし、「主が身ごもらせた」とわざわざ記している箇所は多くありません。神が関わらない誕生は誰一人としてないことはわかりきったことです。しかし、それをあえて記していることには、特別な意味があるからでしょう。ルツにとってもボアズにとっても、そして姑のナオミにとっても、生まれてきた男の子は、単に結婚生活が生み出した子どもではありません。そこに特別な主の計らいを見いだし、人々もそのように受け止めたからこそ、「主はルツを身ごもらせ」とわざわざ表現されたのでしょう。少なくとも『ルツ記』が書かれた時代の人たちにとっては、その子孫からダビデ王が生まれたことは周知の事実です。『ルツ記』の作者も読者も、この一人の男の子の誕生に、ダビデ王の誕生に結び付く主の特別な摂理を見いだしていたに違いありません。

続いて、ナオミに語りかけるベツレヘムの女たちの言葉が記されます。

「主は、今日あなたに、買い戻しの権利のある者が途絶えないようにされました。」（4・14）

「買い戻しの権利のある者」という言葉は、「贖う人」「贖い主」という言葉です。『ルツ記』の話の流れからいえば、それはボアズのことを指しているように受け取れます。しかし、男の子が誕生したときに町の人々が「途絶えないようにされました」と言っているのですから、生まれてきた男の子を指しているようにも受け取れます。

イエス・キリストがお生まれになったとき、天の御使いは「今日ダビデの町で、あなたがたのために救い主がお生まれになりました」（ルカ２・11）と告げました。贖い主を絶やさない神は、後に究極の贖い主イエス・キリストをダビデの町ベツレヘムに「今日」誕生させてくださいました。

## いまだ見ぬ世界への祝福の広がり（ルツ4・16〜22）

私が好きなテレビ番組の一つに、ＮＨＫの「ファミリーヒストリー」という番組があります。著名人の家族の歴史を、本人に代わって取材し、祖父母や先祖たちがどう生きたかをＶＴＲで紹介する番組です。

よくまぁ先祖を知る関係者たちを探してくるものだと、毎回感心しながら見ています。というよりも、取材しているうちにどうしても番組として成り立たない人もいるのではないかと、ついつい制作者の側の苦労を想像しながら見ています。そしてまた、番組では取り上げられない多くの普通の家族にも、きっと感動的な歴史があるはずなのに、と思ったりもしています。

『ルツ記』は、ある意味、ダビデ王のファミリーヒストリーということができるかもしれません。

それでは早速、今回の聖書の箇所を読んでみましょう。旧約聖書『ルツ記』４章16〜22

節です。

ナオミはその子を取り、胸に抱いて、養い育てた。近所の女たちは、「ナオミに男の子が生まれた」と言って、その子に名をつけた。彼女たちはその名をオベデと呼んだ。オベデは、ダビデの父であるエッサイの父となった。

これはペレツの系図である。ペレツはヘツロンを生み、ヘツロンはラムを生み、ラムはアミナダブを生み、アミナダブはナフションを生み、ナフションはサルマを生み、サルマはボアズを生み、ボアズはオベデを生み、オベデはエッサイを生み、エッサイはダビデを生んだ。

前回の学びでは、ルツとボアズの結婚と、二人の間に男の子が生まれた話を取り上げました。ルツとボアズの出会いから二人の結婚に至るまでのストーリーにはかなりの分量のスペースを割いて記してきたのと比べて、結婚から出産までの間の期間は、ほんの数行で記されていました。おそらく、出会いから結婚に至るまでの期間よりも、結婚から出産までの期間のほうがはるかに長かったはずですが、二人の新婚生活のことにはまったくと言って良いほど触れられていません。

その代わりと言ってはなんですが、前回の学びでも指摘したとおり、この男の子の誕生について、『ルツ記』は「主がルツを身ごもらせ、彼女は男の子を産んだ」とわざわざ記しています。『ルツ記』はナオミやルツやボアズの話ですが、その背後にはいつも主である神が伴っていてくださったことを思い起こさせる言葉です。

振り返ってみると、ナオミが移住先のモアブから故郷のベツレヘムに戻る決断をしたのは、「主がご自分の民を顧《かえり》みて、彼らにパンを下さった」ということを耳にしたからでした（1・6）。異教の地で愛する夫と二人の息子たちを失い、悲嘆に暮れるしかないナオミにとって、主の顧みこそが一縷《いちる》の望みでした。このナオミの望みに、主がどのように応えてくださったか、そのことこそ、『ルツ記』に一貫して流れるテーマの一つであるとも言えます。

今回の箇所は、主によって与えられた孫を、ナオミが懐《ふところ》に抱き上げるシーンで始まります。結婚した息子たちが相次いで亡くなったとき、ナオミには孫の顔を見るなどという望みはきっとなかったことでしょう。しかし、思いもかけず、孫を抱く機会に恵まれ、きっとその顔にも笑顔があふれたことでしょう。

面白いことに、男の子を産んだのはルツであるにもかかわらず、ここからのシーンでは、ルツはすっかり姿を消して、ナオミにスポットライトが当たっています。生まれてきた男の子を養い育てたのは、ルツでもボアズでもなく、ナオミがこの男の子を養い育てた、と『ルツ記』は記しています。

近所の女性たちも「ナオミに男の子が生まれた」と不思議な言い方をしています。ナオミが、生まれてきた男の子をまるで自分の子どものように愛してやまなかった様子が目に浮かぶようです。そして、そのようにナオミの喜びに仕える赤ちゃんを、近所の人たちはいつしか「オベデ」と呼ぶようになりました。オベデとは「仕える者」「しもべ」という意味が込められた名前です。子どもに名前を付けるのは親の仕事の一つですが、近所の女性たちが呼んだ名前が、そのままこの子どもの名前になりました。

今を生きる私たちの感覚からすれば、「仕える者」とか「しもべ」という名前は、子どもの名前にはふさわしくないように感じるかもしれません。しかし、旧約聖書の中では「しもべ」という言葉は、必ずしも悪いイメージの言葉ではありませんでした。特に「主のしもべ」という呼び名は、名誉な響きさえありました。

この子のはるか先に生まれた子孫、イエス・キリストは、ご自分を指して「人の子も、仕えられるためではなく仕えるために、また多くの人のための贖《あがな》いの代価として、自分のいのちを与えるために来たのです」（マルコ10・45）とおっしゃいました。オベデ（仕える者）の子孫から、まことに仕えるお方が誕生したことは、決して偶然ではないように感じられます。

『ルツ記』はオベデの名前を紹介した後、そこから生まれる子孫の名前を列挙します。

オベデは、ダビデの父であるエッサイの父となった。（ルツ4・17）

『ルツ記』が記されたのは、まさにダビデ王のファミリーヒストリーを記すためであったということがわかります。『ルツ記』は続けて、ダビデ王に至るまでのペレツ家の系図全体を記します。ペレツからボアズに至るまでの系図は、ボアズやルツにとっては、過去の先祖たちです。しかし、エッサイやダビデに至っては未来の人たちです。ひょっとしたらエッサイの顔ぐらいは見ることができたかもしれません。けれども、ダビデ王のことなど、知る由もなかったことでしょう。まして、そこから何百年も後に、イエス・キリストが誕生することなど、想像もつかなかったはずです。

ダビデ王にとっても、イエス・キリストにとっても、その先祖に異邦人の女性、ルツがいたことは、注目すべき事柄です。前にもお話ししたと思いますが、旧約聖書『申命記』の中には、「アンモン人とモアブ人は主の集会に加わってはならない。その十代目の子孫さえ、決して主の集会に加わることはできない」（申命23・4）と記されています。それにもかかわらず、ルツはイスラエルの中に完全に受け入れられています。イエス・キリストの系図を記した『マタイの福音書』の冒頭部分にも、ルツの名前がしっかりと記されています（マタイ1・5）。

ルツがまことの信仰を持たないモアブの女性であったとしたら、決してこのような特別な扱いはされなかったことでしょう。『ルツ記』は、信仰が血筋に勝利したストーリーということができます。血筋としてのイスラエルではなく、信仰を受け継ぐ共同体としてのイスラエルこそ、まことのイスラエルであることを暗示しています。このことは、信仰によって救いが与えられることを強調する新約聖書の教えの先駆けとも言うことができます。

ところで、なぜペレツの系図なのか、という疑問が残るかもしれません。それはペレツの出生のエピソードに深く関わっています。ペレツはユダがタマルによって設けた子どもです。そのエピソードは『創世記』38章に詳しく記されていますが、決してほめられた話ではありません。むしろ、隠しておきたいような歴史です。出発は罪深い始まりであったとしても、しかし、ペレツ家の歴史は神の恵みの勝利を証しする歴史でもありました。神の恵みの勝利こそ、ペレツ家の歴史であり、それは、神の救いの歴史全体でもあるのです。

# あとがき

本書は、二〇二〇年十一月十二日から翌年二月四日まで、毎週木曜日にネットで放送されたＲＣＪメディア・ミニストリーの番組「聖書を開こう」がもとになっています。

『ルツ記』を取り上げるにあたっては、そこに生きた人々のことを、できるかぎり想像を膨らませながら読み込むことにしました。神学生時代、聖書に書かれていないことを読み込んではいけないと教えられてきましたが、あえてそれに逆らう読み方をしました。もちろん、新しい教えを主張するために、自分の考えを聖書に読み込むことは正しくありません。しかし、『ルツ記』のような物語では、想像を膨らませて読む必要を感じます。というのも、その物語には生きた人間が深く関わっているからです。人間には理性も意志も感情もあります。もちろん、『ルツ記』の登場人物には信仰があります。しかし、それらのすべてが事細かく記されているわけではありません。紙が貴重であったその時代には、細かな描写がしたくてもできませんでした。読者は登場人物の言葉の端から、また行動のちょっとしたことから、その人の思いやその背後にある「大切にしてきたもの」を想像するしかありません。想像力を働かせて読むということは、結局のところ、そこに生きた人々に共感し、そこから学ぶ作業にほかなりません。

しかし、そのような読み方はあまりにも人間的にならないかという批判があるかもしれません。ただ、『ルツ記』の場合、主なる神がなさったこととして客観的に記されているのは1章6節の「主がご自分の民を顧みて、彼らにパンを下さった」という文と、4章13節の「主はルツを身ごもらせ、彼女は男の子を産んだ」という文しかありません。このほかに主なる神が登場するのは、すべて登場人物たちの台詞の中です。言い換えれば、登場人物たちの言葉と行いを通してしか、『ルツ記』で働かれる神を知ることはできません。それは登場人物の中の主観的な「神」であるかもしれませんが、逆に神は彼らの信仰を通してご自身の存在を明らかにしているとも言えます。そうであればこそ、登場人物に思いを馳せ、想像を膨らませながら、彼らが伝えようとした神に思いを向ける必要があるのだと思います。

この本を読んでくださった読者の皆様が、ご自分の想像力を働かせながら、『ルツ記』を楽しんで読んでいただけたら、これより嬉しいことはありません。

最後になりましたが、番組をずっと聴いてくださったリスナーの皆様に感謝いたします。良い聴き手が良い説教者を育てると言われますが、そのことを痛感します。皆様から寄せられた番組に対するご意見、ご感想、ご質問がいつも励みとなって、『ルツ記』の放送も最後まで続けることができました。ありがとうございました。

長く続くコロナ禍にあって、先が見えない不安を感じる方も多いと思います。いまだ見ぬ世界への祝福の広がりを用意してくださる主が、今も生きて働いていてくださることを信じます。読んでくださった皆様が希望をもって歩むことができますようにと心からお祈りいたします。

二〇二一年九月

山下正雄

山下正雄（やました・まさお）

1957年、東京都中野区生まれ。1981年、上智大学法学部卒。1984年、神戸改革派神学校卒。1985-87年、米国カルヴィン神学校留学（新約学専攻）。

帰国後、水戸、つくばでの宣教活動を経て、1998年、北米基督改革派教会メディア伝道局（現ReFrame Minisitries）日本語部の責任者となる。

2016年10月、日本キリスト改革派教会大会メディア伝道局の設置に伴い、同伝道局主事に就任。

現在、ラジオ番組「あさのことば」（茨城放送）、「東北あさのことば」（東北放送）、「聖書を開こう」（FEBC)、「キリストへの時間」（高知放送、南海放送）などに出演中。HP「ふくいんのなみ」を制作運営。全国の改革派教会の紹介動画を制作しYoutubeで公開中。

おもな著書に『悩んでいないで聞いてみたら』『ず〜っと聞いてみたかったあのことこのこと』『これでスッキリ、18の疑問』（以上、いのちのことば社)、『ハイデルベルク信仰問答　付・ウルジヌス小教理問答』（新教出版社）などがあるほか、聖書注解書、聖書神学辞典などの執筆担当。

２男２女の父、孫７人の文字どおりのおじいちゃん。コロナ禍で家にいる時間が増え、料理担当係。



**美しい物語**　「ルツ記」を開こう

2021年12月15日発行

著者　山下正雄

発行　いのちのことば社
〒164-0001 東京都中野区中野2-1-5
編集 Tel.03-5341-6924 Fax. 03-5341-6932
営業 Tel.03-5341-6920 Fax. 03-5341-6921

新刊情報はこちら

落丁・乱丁はお取り替えいたします。　Printed in Japan

ISBN978-4-264-04333-1